Je m'appelle Erik Satie
comme tout le monde

Je m'appelle Erik Satie
comme tout le monde

Laetitia Gonzalbes

QUATRIÈME MUR

3, rue de Marivaux
75002 Paris

À ma sœur, Émilie.

PRÉFACE

Insaisissable Erik Satie ! À peine pense-t-on avoir saisi un aspect de sa personnalité qu'aussitôt une somme de témoignages vient s'inscrire en faux et nous en propose une vision contraire. Le texte de Laetitia Gonzalbes dépeint magnifiquement par petites touches un personnage pétri de contradictions qu'il résout le plus ordinairement par des pirouettes et des coq-à-l'âne verbaux à la manière de son contemporain et compatriote d'Honfleur Alphonse Allais, habitué lui aussi du Chat noir de Montmartre.

Voici quelqu'un aussi à l'aise dans la frivolité des cabarets de Montmartre que dans la fréquentation de la pensée des philosophes grecs, quelqu'un qui se flatte de fuir l'approbation artistique des gens « bien installés » mais qui sollicite trois fois, en vain, les suffrages de l'Institut, quelqu'un qui se revendique misanthrope mais qui en même temps s'occupe avec le plus grand désintéressement qui soit d'un patronage laïque à Arcueil. Alors toutes les facettes du personnage : dandy démuni, alcoolique, solitaire, gothique, visionnaire, intransigeant et doux se placent les unes à côté des autres sans chercher à former une image cohérente, du moins de cette cohérence que réclame la société bourgeoise.

C'est la douleur d'un aveu qui nous rapproche plus intimement de la sensibilité de l'artiste : « Personne n'écoute ma musique. » Voilà qui est bien vite affirmé, il suffit par exemple de parcourir la correspondance de Poulenc pour mesurer à quel point la musique d'Erik Satie est présente dans les programmes de concerts, le scandale de Parade ne lui porte aucun tort, bien au contraire, tous les musiciens qui le reconnaissent comme leur « bon maître » jouent sa musique ou la font jouer, et Debussy ne témoigne pas seulement de son amitié par les œufs et la côtelette d'agneau qu'il lui cuisine avec gourmandise chaque vendredi mais aussi, honneur unique qu'il n'accorde à aucun autre, par l'orchestration qu'il réalise des Gymnopédies.

Si l'ambiguïté d'Erik Satie nous est révélée dès le début de la pièce, ce n'est que peu à peu que la complexité du personnage d'Anna se dévoile. On la découvre tout d'abord logique, organisationnelle, faisant fonction de miroir pour Erik Satie et de médiatrice entre lui et nous, également capable d'alimenter mais aussi de maîtriser le troublant jeu de séduction qui s'installe entre eux. Puis surviennent les fêlures, discrètement : « Je vous soigne, je suppose. À moins que cela ne soit l'inverse », avoue-t-elle. Est-elle vraiment cette infirmière « d'après-midi » curieusement assez désorientée dans son propre service ? Plus rien n'est sûr désormais.

Le texte de Laetitia Gonzalbes se dévoile comme l'un de ces tableaux anciens où une enfilade de portes entrouvertes induit un effet de vertige, et dans lequel chaque plan questionne notre perception des autres. Ce trouble

déstabilisant qu'elle installe en nous est d'une suprême habileté, elle nous entraîne là où elle le voulait, là où plus rien ne répond aux critères de la pure logique et en fait nous demande si nous sommes prêts à accepter un autre qui ne fonctionnerait pas comme nous, un autre qui pourrait être un prophète comme Satie que la génération américaine de John Cage revendiquera comme un père fondateur ou un autre comme Anna qui « n'aurait pas composé les *Gymnopédies* à vingt-deux ans ».

Est-il plus simple de faire a posteriori une place dans l'histoire à une figure d' « artiste maudit », qu'au quotidien à une personne fragile qui ne comble pas ses faiblesses par le génie ? Est-ce que l'artiste écorché nous parle des êtres désemparés parce qu'il côtoie ce que l'on appelle la « folie » ? Mais est-ce « folie » que de se sentir dans un monde qui n'est pas fait pour soi ?

Xavier Delette

Musicien, directeur du site Vaud
de la Haute École de musique (HEMU)

CRÉATION

La pièce a été créée au Théâtre de la Contrescarpe
le 3 octobre 2019

Mise en scène par Laetitia Gonzalbes

Avec

Elliot Jenicot

Anaïs Yazit

Création musique et sons : Tim Aknine et David Enfrein

Costumes et décors : Claire Avias

Illustrations et animations : Suki

Voix off : Laetitia Gonzalbes, Jennifer Karen et Axel Krot Gonzalbes

Photos : Fabienne Rappeneau

Musique. Voix off d'un enfant et de sa maman qui jouent à cache-cache.

Maman — *I'm here !*

Enfant — *Je suis là.*

Maman — *I'm not here anymore.*

Enfant — *Je ne suis plus là. (Rires enfant.) Maman ? Où es-tu ?*

Rires maman.

Silence.

Projection texte : « *Avis de recherche. Un homme et une femme se sont échappés du service psychiatrique du Centre hospitalier de Honfleur.*

Une heure plus tôt. »

Anna est dans la pièce. Lui entre.

ANNA — Avoir composé les *Gymnopédies* à vingt-deux ans et finir ainsi, c'est d'une tristesse !

LUI — On me maltraite encore...

ANNA — Monsieur Satie, bonjour !

LUI — « Monsieur Satie »... Est-ce que je ne pourrais pas être simplement moi, pour une fois ?

ANNA — Je suis Anna, votre infirmière. C'est moi qui vais m'occuper de vous les après-midis, cette semaine. Asseyez-vous, je vous prie.

LUI — Anna...

ANNA — Je vais vérifier mes informations, si vous le voulez bien, monsieur Satie.

LUI — Cette obsession...

ANNA — Votre date et lieu de naissance, s'il vous plaît.

LUI — Je suis fatigué ! C'est possible de l'entendre, ça ? Fatigué. Usé.

ANNA — Je suis là pour vous aider, justement.

LUI — Ce n'est pas vrai, qu'est-ce qu'on fait pour m'aider ? Rien. *(Temps.)* Tu ne penses qu'à toi !

Anna — Je ne vous permets pas de me tutoyer.

Lui — C'est la dernière fois qu'on joue à ce petit jeu. La dernière fois. C'est entendu ?

Anna — Je ne suis…

Lui — Est-ce que je me suis bien fait comprendre ?

Anna — Oui.

Lui — Il va falloir prendre une décision.

Anna — Vivre ou mourir ?

Lui — Ce n'est pas du tout la question.

Anna — De quoi d'autre est-il question, monsieur Satie ? *(Temps.)* Revenons au commencement. Votre date et lieu de naissance, s'il vous plaît.

Lui, *soupire* — Le 22 septembre à Honfleur.

Anna — De quelle année ?

Lui — 1925.

Anna — Nous sommes en quelle année ?

Lui — 2024.

Anna — Vous seriez presque centenaire.

Lui — C'est un titre comme un autre.

Anna — Mais vous ne faites rien pour l'atteindre.

Lui — Je fais ce que je peux. J'ai fait ce que j'ai pu. Je ferai ce que je pourrai.

Anna — Avez-vous une personne de confiance que nous pourrions contacter en cas d'urgence ?

Lui — Ma fille. Vous savez déjà tout la concernant. La pauvre a perdu sa mère à l'âge de six ans.

Anna — Ça n'est pas le sujet.

Lui — Ça n'est pas le sujet, ça n'est pas le sujet… On est vraiment chez les fous, ici, pas de doute.

Anna — Oh ! vous savez, « les fous ne sont plus ce qu'ils étaient »… Et la frontière entre ceux de dehors et ceux d'ici est bien fine.

Lui — Quel est le sujet, alors ?

Anna — Vous le savez. Reprenons. Vous le voulez bien ?

Lui, *met son chapeau melon sur sa tête* — Je le veux bien.

Anna, *sourit* — Comment vous appelez-vous ?

Lui — Je m'appelle Erik Satie, comme tout le monde.

Anna — Vous souffrez d'une…

Lui — Bien sûr que je souffre ! Je suis venu au monde très jeune dans un monde très vieux.

Anna — Vous souffrez d'une cirrhose…

Lui — Ah.

Il s'approche. Anna crie.

Anna — Non, pardon ! Je n'ai pas peur… heu… N'ayez pas peur. Tout va bien. Tout va bien, ce n'est rien ! Pardon, c'est… Reprenons.

Lui — Je souffre d'une cirrhose, oui. Il faut dire que j'ai beaucoup travaillé pour en arriver là. J'ai commencé à boire dès l'âge de neuf ans grâce à mon oncle qui, comme tous ces braves militaires, buvait avec une surprenante abondance tout en racontant des histoires dont le sel lui grattait le gosier et le poussait à lever le coude sans arrêt. Ah ! il en vida des bouteilles à la Pomme de Pin, le célèbre cabaret de la rue de la Contrescarpe-Saint-Michel ! Il est fâcheux qu'il n'ait pu connaître Villon.

Anna — Villon ? Le poète maudit ?

Lui — Tout à fait.

Anna — Mais il était du XVe siècle.

Lui — Et ne pensait plus à boire, même à petites gorgées.

Anna — Votre oncle est né bien après la mort de Villon.

Lui — C'est précisément la raison qui les tint éloignés l'un de l'autre.

Anna — Bon, si je comprends bien, concernant votre cirrhose, tout est la faute de votre oncle.

Lui — Pas seulement ! Je vais vous dire, ce sera pénible mais honnête. Je fréquentais moi aussi les cabarets dont la réputation n'est plus à faire. Le Chat noir et l'auberge du Clou avenue Trudaine. Mais en cachette, bien entendu. J'avais honte d'être vu car, comme me le disait Alphonse Allais : « cela peut vous faire rater un mariage ». Savez-vous d'où provient ce nom, « auberge du Clou » ?

Anna — Des peintres désargentés qui accrochaient leur toile au clou afin de payer leur repas. Comme dans la chanson d'Aznavour.

Lui — Qu'est-ce qu'Aznavour vient faire là-dedans ?

Anna — *La Bohème* !

Dans les cafés voisins

Nous étions quelques-uns

Qui attendions la gloire

Et bien que miséreux

Avec le ventre creux

Nous ne cessions d'y croire

Et quand quelque bistro

Contre un bon repas chaud

Nous prenait une toile

Lui — C'est ça !

Anna —   Nous récitions des vers
                      Groupés autour du poêle
                      En oubliant l'hiver

Anna et lui —   La bohème, la bohème
                   Ça voulait dire
                   Tu es jolie
                   La bohème, la bohème
                   Et nous avions tous du génie

Lui — Elle date de quand, cette chanson ? Rappelez-moi.

Anna — Oh ! 1886, je dirais.

Temps.

Lui — Curieuse époque que cette époque, où le poète pouvait mener cette vie douteuse sans perdre de son talent et de sa dignité. Et combien de gens étaient disposés à vous offrir un verre ! Mais où ai-je donc laissé mon parapluie ?

Anna, *rit* — Vous êtes également atteint d'une pleurésie, monsieur Satie.

Lui — N'allez pas au café, jeune fille. Écoutez la voix grave d'un homme qui les fréquentait beaucoup trop, mais qui ne le regrette pas, le monstre !

Anna — Oh ! monsieur Satie ! Voyez où cela vous a mené.

Lui — Pleurésie aussi, oui. Quel drôle de nom ! Combien de larmes contient cette maladie ? Je suis triste, voyez-vous, je suis triste sans en connaître la raison. Ce matin, l'idée m'a pris de me distraire en comptant, lentement, sur mes doigts, de 1 à 260 000.

Anna — Et ?

Lui — Je l'ai fait.

Anna — Qu'en avez-vous tiré ?

Lui — Un grand ennui.

Anna — Cette mélancolie vient du choix de votre date de naissance. Si vous étiez né le 17 mai, peut-être seriez-vous moins triste ?

Lui — Tiens donc, pourquoi ?

Anna — Que peut-on espérer d'une naissance un 22 septembre à Honfleur ? Naître à l'aube de l'automne dans une ville qui n'a que l'ennui d'un quotidien inlassablement répétitif. Ce doit être terrible ! Vous vous êtes trompé de date, monsieur Damalis... heu... monsieur Satie.

..... Je ne suis pas du XIIe,...
ni du XIIIe,.... ni du XIVe siècles ....
... Je suis né à Honfleur.. (Calvados —
arrondissement de Pont-l'Évêque)
— le 17 mai 1866 ....

Lui, *observe Anna attentivement* — Honfleur offre tout de même quelques tempêtes. Et ses habitants sont très polis et très aimables. *(Il chante :)*

> Il est un âge dans la vie,
> Où chaque rêve doit finir,
> Un âge où l'âme recueillie
> À besoin de se souvenir.

Anna et lui — Lorsque ma muse refroidie
> Aura fini ses chants d'amour,
> J'irai revoir ma Normandie !
> C'est le pays qui m'a donné le jour.

Anna — Mieux vaut y naître au printemps.

Lui — Sans doute. Je décéderai à Paris, une nuit d'été, pour la peine ; la première de juillet, ce sera plus gai. Cela vous convient-il, chère Anna ?

Anna — Que cherchez-vous ?

Lui — Mon parapluie.

Anna, *sourit* — Comment se passent vos journées ?

Lui — Fort bien. Je me lève à 7 h 18. Je suis inspiré de 10 h 23 à 11 h 47. Je déjeune de 12 h 11 à 12 h 14. Salutaire promenade dans le fond du parc de 13 h 19 à 14 h 53. Autre moment d'inspiration de 15 h 12 à 16 h 07. Occupations diverses, immobilité, contemplation, visites..., de 16 h 21 à 18 h 47.

Le dîner est servi à 19 h 16 et terminé à 19 h 20. Viennent des lectures symphoniques, à haute voix, de 20 h 09 à 21 h 59. Mon coucher a lieu régulièrement à 22 h 37. Réveil hebdomadaire en sursaut à 3 h 19, le mardi.

ANNA — Voilà qui est précis.

LUI — L'artiste doit régler sa vie.

ANNA — Avez-vous bon appétit ?

LUI — J'ai bon appétit. Mon ami le sculpteur Brancusi m'apporte des bouillons faits de ses mains ! Quel homme délicieux ! J'ai bon appétit ; mais je ne parle jamais en mangeant. J'ai peur de m'étrangler.

ANNA — Peur de vous étrangler ? Des troubles de la déglutition ou respiratoires ?

LUI — Je déglutis et respire avec soin, peu à la fois.

ANNA — Fumez-vous ?

LUI — Mon médecin m'a toujours dit de fumer. Il ajoute à ses conseils : « Fumez, mon ami : sans cela un autre fumera à votre place. »

ANNA — Faites-vous un peu d'exercice en dehors de votre promenade quotidienne ?

LUI — Je danse... trop rarement. En marchant, je me tiens par les côtes et regarde fixement derrière moi. Comme cela.

Anna — Écoutez ! Un rossignol !

Lui — Oui.

Anna — Quelle exquise mélodie !

Lui — Non seulement sa voix n'est pas posée, mais il n'a aucune connaissance ni des clefs, ni de la tonalité, ni de la mesure. Peut-il être doué ?

Anna — Bien sûr, puisqu'il nous offre un instant de bonheur.

Lui — C'est possible ; c'est même certain. Mais on peut affirmer que sa culture artistique n'égale pas ses dons naturels, et que cette voix dont il se montre si orgueilleux n'est qu'un instrument très inférieur et inutile en soi.

Anna — « Inutile »... Il n'y a rien de plus utile que la beauté. La culture ou la technique n'y sont pas indispensables. Sans la beauté, comment supporter le réel ?

Lui — Le réel vous embarrasse, Anna ?

Anna — Ici nous sommes confrontés à ce qu'il y a de plus laid et, contrairement aux autres, nous devons y faire face. Pardon, je ne devrais pas vous dire cela. Parlons de vos antécédents médicaux, monsieur Satie.

Lui — Pas d'antécédents.

Anna — Ma collègue avait noté une hospitalisation pour une pneumonie.

Lui — C'est juste. À l'âge de vingt ans, j'avais cru bon de m'engager dans l'armée française pour trois ans. Quel ennui ! Ma volonté a très rapidement faibli et changé de camp. J'ai donc longuement exposé ma poitrine, torse nu, au froid glacial de l'hiver afin de contracter cette pneumonie qui m'a libéré de mes obligations militaires au bout de quelques mois. J'ai pu ainsi, durant ma convalescence, composer cinq mélodies sur les poèmes de mon très cher ami Contamine de Latour.

Sylvie (3 : 00). Parlé.

Elle est si belle…

Que les anges en sont jaloux ;

L'amour sur sa lèvre ravie,

Laissa son baiser le plus doux.

Ses yeux sont de grandes étoiles.

Sa bouche est faite de rubis.

Son âme est un zénith sans voiles,

Et son cœur est mon paradis.

Ses cheveux…

Sa voix plus douce que le miel

Sa tristesse est une pénombre

Et son sourire un arc-en-ciel

Il caresse le visage d'Anna. Elle, mal à l'aise, s'éloigne.

Anna — Des antécédents familiaux ?

Lui — Ce que firent les Satie lors de la guerre de Cent Ans, je l'ignore ; je n'ai, non plus, aucun renseignement sur leur

attitude durant celle de Trente Ans, une de nos plus belles guerres. Que la mémoire de mes vieux ascendants repose en paix. Heureusement que ce parapluie n'avait pas une grande valeur.

ANNA — Comment vous sentez-vous ? Avez-vous des douleurs ?

LUI — Pour cela j'ai un remède.

ANNA — Un remède ?

LUI, *montre l'écran à Anna* — Voyez par vous-même.

ANNA, *lit* — « Le 20 février 1889.
Monsieur, depuis huit ans, je souffrais d'un polype dans le nez compliqué d'une affection du foie et de douleurs rhumatismales. À l'audition de vos *Ogives*, un mieux sensible s'est manifesté dans mon état : quatre ou cinq applications de votre *Troisième Gymnopédie* m'ont radicalement guéri[*]. Je vous autorise, Monsieur Erik Satie, à faire de cette attestation l'usage qu'il vous plaira. En attendant, recevez les remerciements de votre reconnaissante Femme Lengrenage. Journalière à Précigny-les-Balayettes. »

« Femme Lengrenage », vous avez de ces idées... Je ne vous embête pas plus longtemps, M. Poulenc attend que je vous libère pour vous rendre visite.

---

[*] Le bon usage voudrait que l'on écrive *guérie*, mais nous avons préféré reproduire le texte d'origine tel quel.

Le 20 février 1889

Monsieur, depuis huit ans, je souffrais d'un Polype dans le nez Compliqué d'une affection du Foie et de douleurs rhumatizmales. À l'audition de Vos Ogives, un Mieux sensible s'est manifesté dans mon état: quatre ou Cinq applications de votre Troisième GYMNOPÉDIE m'ont radicalement guéri. Je vous autorise Monsieur Erik Satie à faire de cette attestation l'usage qu'il vous plaira. En attendant, recevez mes remerciements de votre reconnaissante Femme Lengrenage.

Journalière Précigny-les-Balayettes

Lui — Qui donc ?

Anna — M. Francis Poulenc, votre ami du Groupe des Six !

Lui — Mon Dieu, qu'est-ce que c'est que cela, « le Groupe des Six » ?

Anna — Les « nouveaux jeunes ». Germaine Tailleferre, Georges Auric, Louis Durey, Arthur Honegger, Darius Milhaud et Francis Poulenc.

Lui — Il n'y a plus de Groupe des Six depuis longtemps. Il y a six musiciens. Tout simplement. Les Six se sont dissociés très rapidement — comme je l'avais prédit, d'ailleurs.

Anna — Je fais entrer M. Poulenc ?

Lui — Certainement pas. Ils m'ont dit adieu. Je préfère rester sur leur adieu. Il faut être intransigeant jusqu'au bout.

Anna — Il aimerait se réconcilier avec vous. Il est ému par votre maladie.

Lui — Ils m'admiraient, vous savez. J'étais leur « bon maître ». Âgé seulement de quatorze ans, Georges Auric avait écrit un article fort élogieux sur moi. Il disait : « Tout le monde ne pénètre pas l'art subtil de Monsieur Erik Satie. Beaucoup de ceux qui méprisent les spirituels petits chefs-d'œuvre aux titres cocasses applaudissent chaleureusement les plus ennuyeuses sonates. » Cela dit, j'aime autant ne pas être admiré par Auric, il a trop mauvais goût, le pauvre. Mais ce qu'il y a d'intéressant là-dedans, voyez-vous, c'est que rien

n'a changé. La Philharmonie, l'Opéra de Paris, les églises et nos plus grands théâtres sont toujours pleins de culs à bras qui « applaudissent chaleureusement les plus ennuyeuses sonates ». Comme l'écrivait mon camarade Cocteau : « les acclamations incompétentes sont plus insupportables que les sifflets sincères. Il faudrait signaler en ces lieux mille nuances de snobisme, sur-snobisme, contre-snobisme. »

ANNA — Je vais suggérer à M. Poulenc de revenir un autre jour.

LUI — Oui, et appelez-moi plutôt Debussy, s'il vous plaît.

ANNA — Debussy ?

LUI — Claude Debussy, mon grand ami.

ANNA — Mais, monsieur Satie, Debussy est mort.

LUI — Une douce et admirative amitié de trente ans ne meurt jamais. Si je n'avais pas Debussy pour causer des choses un peu au-dessus de ce dont causent les hommes vulgaires, je ne vois pas comment je ferais pour exprimer ma pauvre pensée — s'il m'est encore possible de l'exprimer.

ANNA, *le gifle* — Ah non ! Merde !

LUI — Vous sentez-vous bien, Anna ?

ANNA — Ne trahissez pas la mémoire de Debussy ! Vous n'avez même pas été foutu d'assister à son enterrement.

LUI — Est-ce moi qui trouble votre humeur ?

ANNA — Ce courrier que vous lui avez envoyé alors qu'il souffrait d'un cancer, qu'il était mourant... Savez-vous qu'à la lecture de vos mots, ses mains se sont mises à trembler? Il a déchiré le papier et a murmuré un « Pardon ! » les yeux pleins de larmes. Comme un enfant qu'on va gronder.

LUI — Qui vous a raconté cela ?

ANNA — Louis Laloy, le critique.

LUI — Évidemment ! Laloy me déteste.

ANNA — Et vous le lui rendez bien.

LUI — Il a généreusement participé à la destruction de cette amitié.

ANNA — Que dites-vous là ?

LUI — Si Debussy n'avait pas fait « cher camarade » avec ces gens-là, je déjeunerais encore chez lui tous les vendredis. Claude fut une véritable victime de son instruction, bien qu'il en corrigeât les méfaits autant qu'il le pouvait ; il était de plus en plus loin de moi politiquement, socialement.

ANNA — Mais pourtant c'était un révolutionnaire en Art, comme vous.

LUI — Mais très bourgeois dans la vie. Il n'aimait pas les « journées de huit heures » ni autres modifications sociales. Je peux vous l'affirmer. L'augmentation des salaires — sauf pour lui, bien entendu — ne lui était pas très agréable. Il avait son « point de vue ». Étrange anomalie, n'est-ce pas ?

Anna — Oui, vous, vous faisiez partie de la grande famille socialiste !

Lui — Famille que j'aimais de tout cœur. Croyez bien que je n'ai pas perdu un pouce de mon affection pour mon regretté et illustre ami Debussy ; croyez bien que je n'ai pas perdu une ligne de mon admiration pour sa chère et délicieuse mémoire. Non... et je ne peux que rire de ceux qui, aujourd'hui, parlent froidement en son nom et croient avoir hérité de son splendide génie, de son exquise « manière ».

Anna — Vous enviez ses admirateurs.

Lui — Ces « demi-personnages » qui le découvrent actuellement ? Il est bien regrettable qu'ils ne l'aient pas fait aux heures difficiles que mon génial ami a traversées. Ils auraient pu un peu « voir clair » — même sans loupe ou sans binocle. Seulement... dame !... *on ne savait pas que...* Vous comprenez ?... Car ces prudents « roublards » ne sont pas des héros — et ne sont pas tenus de l'être, après tout. Oui... Alors, ils ont attendu « que cela vienne », que « cela soit sûr », tout au moins. Et moi j'ai disparu.

Anna — La fin de votre amitié a été lamentable.

Lui — Par notre faute à tous les deux.

Anna — Debussy aimait votre don de divination, votre conversation, il aimait votre cocasserie, il...

Lui — Et ses crises de jalousie, et ses critiques cinglantes ? Il ne supportait pas l'influence qu'on nous reconnaissait l'un

sur l'autre ni la petite part de succès, minuscule part, ridicule part que je lui prenais. Mais je l'aimais. J'ai composé *Élégie* à sa mémoire. Sur le célèbre quatrain de Lamartine :

« Que me font ces vallons, ces palais, ces chaumières,

Vains objets dont pour moi le charme est envolé ?

Fleuve, forêts, roches, solitudes si chères,

Un seul être vous manque et tout est dépeuplé ! »

Il me reprochait l'absence de forme dans ma musique ; pour répondre à cela j'avais composé *Trois morceaux en forme de poire*. Durant la composition je lui avais alors écrit ceci.

ANNA, *lit* — « Monsieur Erik Satie travaille en ce moment à une œuvre plaisante, laquelle est appelée *Deux morceaux en forme de poire*. Monsieur Erik Satie est fou de cette nouvelle invention de son esprit. Il en parle beaucoup et en dit grand bien. Il la croit supérieure à tout ce qui a été écrit jusqu'à ce jour ; peut-être se trompe-t-il ; mais il ne faut pas le lui dire : il ne le croirait pas. Vous qui le connaissez bien, dites-lui ce que vous en pensez : sûrement il vous écoutera mieux que quiconque, tant est portée son amitié pour vous. »

Il se retourne par pudeur et se met à jouer du piano. On entend les Gymnopédies 3. Ce sont ses larmes.

LUI, *toujours de dos* — Il a orchestré mes *Gymnopédies*. (*Anna se déshabille progressivement et danse nue sur Gymnopédies 3. Lui parle intimement au public.*) Lent et douloureux. Lent et triste. Lent et grave. Questionnez ; du bout de la pensée ; postulez en vous-même ; pas à pas ; sur la langue. Avec étonnement ; ne sortez pas ; dans une grande

Monsieur
Erik Satie
travaille en
ce moment à une
oeuvre plaisante,
laquelle est appelée Deux
morceaux en forme de Poire.
Monsieur Erik Satie est fou
de cette nouvelle Invention de son Esprit.
Il en parle beaucoup et en dit grand bien.
Il la croit Supérieure à tout ce qui a été écrit
jusqu'à ce jour; peut-être se trompe-t-il. Mais il
ne faut pas le lui dire : il ne le croirait pas. Vous
qui le connaissez bien, dites lui ce que vous en
pensez sûrement il vous écoutera mieux
que quiconque, tant est portée son
amitié pour vous.

bonté ; plus intimement ; avec une légère intimité ; sans orgueil. Conseillez-vous soigneusement ; munissez-vous de clairvoyance ; seul, pendant un instant ; de manière à obtenir un creux ; très perdu ; portez cela plus loin ; ouvrez la tête ; enfouissez le son.

ANNA — Je reconnais ces mots, ce sont les indications de vos partitions.

LUI — Des notes à destination de l'interprète uniquement. Je défends de les lire à haute voix durant l'exécution. Tout manquement à cette observation entraînerait ma juste indignation. Il ne sera accordé aucun passe-droit. *(Il se retourne.)* Anna, que faites-vous ?

ANNA — Je danse, à Sparte, en l'honneur d'Apollon. *Gumnos… nu* en grec. Et *Paidos… enfants*. Les *Gymnopédies*. Les danses des enfants nus…

LUI, *s'approche pour lui donner sa blouse* — Allons, arrêtez. Couvre-toi.

ANNA — Vous me traitez comme une enfant, monsieur Satie.

LUI — Oui.

ANNA, *temps puis rire* — Si vous voyiez votre tête…

LUI — Rhabille-toi !

ANNA — Oh ! ça va, vous n'allez pas faire le prude, vous qui avez passé votre vie dans les cabarets ! Vous avez dû en voir

d'autres, des paires de fesses et paires de seins. En forme de pommes ou de « poires ». *(Elle rit puis s'évanouit.)*

Lui — Anna! *(Il appelle.)* Infirmières!

Anna — Chut!!!

Lui — Anna!

Anna — Erik.

Lui — Attention vous prononcez mal mon prénom, Erik s'écrit avec un « k » pas un « c ».

Anna — Erik!

Lui — Que vous arrive-t-il?

Anna — Je ne sais pas. *(Elle se relève.)*

Lui — Que faites-vous?

Anna — Je vous soigne, je suppose. À moins que ce soit l'inverse. Tu vois, Erik, le monde se divise en deux catégories : ceux qui soignent et ceux qui se font soigner. Moi, je ne sais plus très bien à quelle catégorie j'appartiens.

Lui — On ferait bien d'appeler quelqu'un.

Anna — Laissez-les tranquilles, ce n'est rien. Parlez-moi d'amour, plutôt.

Lui — J'ai dû oublier mon parapluie dans l'ascenseur.

Anna — Arrêtez avec votre fichu parapluie et parlez-moi d'amour.

Lui — Mon petit, vous tombez bien mal, je ne sais rien de l'amour.

Anna — Vous avez bien vécu des histoires d'amour, comme tout le monde.

Lui — Je ne dois pas être comme tout le monde, finalement. « Des » sûrement pas, « une » peut-être bien. Il y a fort longtemps. J'ai tout oublié.

Anna — J'en doute. Une seule ?

Lui — Oui.

Anna — C'est qu'elle a dû être longue.

Lui — Tout dépend de ce que vous entendez par « longue ».

Anna — Vous avez vécu ensemble longtemps ?

Lui — Nous n'avons jamais vécu ensemble.

Anna — Vous vous êtes aimés longtemps, alors ?

Lui — D'un amour réciproque ?

Anna — Évidemment !

Lui — Quelques mois, quatre, cinq tout au plus.

Anna — De votre vie vous n'avez vécu que cinq mois d'amour ?!

Lui — C'est bien assez, croyez-moi, eu égard au temps qu'il me fallut ensuite pour reprendre possession de moi-même. Les femmes sont des serpents venimeux ; elles vous mordent traîtreusement, vous sucent le sang, vous écrasent la poitrine surtout quand elles sont très lourdes, bien entendu.

Anna — Comment s'appelait-elle ?

Lui — Suzanne, il me semble.

Anna — Suzanne...

Lui — Suzanne Valadon.

Anna — C'est si doux à l'oreille. Une mélodie.

Lui — « La plus virile et la plus grande de toutes les femmes de la peinture. » Elle avait d'étonnants yeux clairs, des cheveux noirs coiffés en bandeau, et semblait davantage danser plutôt qu'elle ne marchait. Elle tenait à la fois de l'amazone et de la fée.

Anna — Rien à voir avec un serpent venimeux, en somme.

Lui — J'avais vingt-sept ans, elle était avec Miguel Utrillo qui venait enfin de reconnaître leur enfant ; notre histoire a signé leur rupture définitive. Il est parti aux États-Unis, nous ne l'avons plus jamais revu.

Anna — Pourquoi vous êtes-vous séparés ?

Lui — J'ai demandé à la gendarmerie la plus proche qu'on me libère d'elle. Elle m'envahissait.

Anna — Qu'est-ce que vous racontez ?

Lui — Non, attendez, je me mélange les pinceaux, non, j'étais allé à la gendarmerie la plus proche car je l'avais défenestrée dans un mouvement de colère.

Anna, *se lève* — Non !

Lui — J'avais cru l'avoir tuée.

Anna — Qu'est-ce que vous dites comme absurdités ?

Lui — C'était compter sans ses talents d'acrobate : elle était trapéziste avant d'être modèle pour peintre, puis elle-même peintre. Ce qui lui a permis de sortir sans dommage de cette aventure.

Anna, *part* — Vous ne m'amusez plus. On ne peut pas tout tourner en dérision.

Lui — C'est que le sujet le veut. L'amour est très comique. *(Une lettre s'écrit en projection. Il la lit :)*

« Cher petit Biqui,

Impossible de rester sans penser à tout ton être ; tu es en moi tout entière ; partout je ne vois que tes yeux exquis, tes mains douces et tes petits pieds d'enfant. Toi tu es heureuse ; ce n'est pas ma pauvre pensée qui ridera ton front transparent ; non plus l'ennui de ne point me voir. Pour moi il n'y a que la glaciale solitude qui met du vide dans la tête et de

Chère Petite Biqui,

Impossible de rester sans penser à tout ton être, tu es en moi tout entière ; partout je ne vois que tes yeux exquis, tes mains douces et tes petits pieds d'enfant. Toi tu es heureuse ; ce n'est pas ma pauvre pensée qui ridera ton front transparent ; non plus l'ennui de ne point me voir. Pour moi il n'y a que la glaciale solitude qui met du vide dans la tête et de la tristesse plein le cœur. N'oublie pas que ton pauvre Ami espère te voir au moins à un de ces trois Rendez-Vous :
1° Ce soir à Neuf Heures moins le quart chez moi
2° Demain matin encore chez moi
3° Demain soir chez Devé (Maison Olivier)

J'ajoute Biqui Chéri, que je ne me mettrai nullement en furie si tu ne peux venir à ces Rendez-Vous ; maintenant je suis devenu terriblement Raisonnable ; et malgré le grand bonheur que j'ai de te voir je commence à comprendre que tu ne peux point toujours faire ce que tu veux.
Tu vois, Petit Biqui, qu'il y a Commencement à Tout.
Je t'embrasse sur le Cœur.

Erik Satie

6, rue Cortot

la tristesse plein le cœur. N'oublie pas que ton pauvre ami espère te voir au moins à un de ces trois rendez-vous :

1° Ce soir à neuf heures moins le quart chez moi.

2° Demain matin encore chez moi.

3° Demain soir chez Devé (Maison Olivier).

J'ajoute, Biqui chéri, que je ne me mettrai nullement en furie si tu ne peux venir à ces rendez-vous ; maintenant je suis devenu terriblement raisonnable ; et malgré le grand bonheur que j'ai de te voir, je commence à comprendre que tu ne peux point toujours faire ce que tu veux.

Tu vois, petit Biqui, qu'il y a commencement à tout.

Je t'embrasse sur le cœur.

Erik Satie

6, rue Cortot. »

Elle n'est pas venue aux rendez-vous. J'ai continué de lui écrire après notre rupture, sans jamais lui envoyer mes lettres. Puis j'ai composé *Vexations*, un morceau aux accords en trois tons, l'intervalle du Diable, à jouer huit cent quarante fois de suite pour une durée de douze à vingt-quatre heures selon le tempo choisi. Un brin névrotique. L'amour est néfaste à l'artiste, il l'éloigne de son art. Elle m'a préféré un agent de change. Le financier et l'artiste font bon ménage, en revanche. L'un assurant le confort matériel et l'autre apportant la fantaisie nécessaire pour supporter le quotidien d'un travailleur en finance.

ANNA — Pourquoi ne pas lui envoyer les lettres ?

Lui — Ce serait un comble ! Je n'ai moi-même jamais ouvert les lettres que mes amis m'ont envoyées. En revanche, j'ai toujours répondu. C'est très bien ainsi. Aimer est un manque d'assurance. Regardez l'état déplorable de mon adoré frère Conrad ; depuis la mort de sa femme, il est enfermé dans sa douleur. Je n'ai plus aucune nouvelle de lui. Le pauvre. Les femmes ne sont pas fiables. Non. Notre petite sœur la première ! Elle est morte bébé, lorsque j'avais cinq ans. Et notre mère, qui est morte subitement alors que je n'avais que six ans !

Anna — Six ans...

Lui — Notre grand-mère a été retrouvée morte d'hydrocution sur la plage de Honfleur lorsque j'avais douze ans. *(Temps.)* Des fantômes qui ne savent pas se faire oublier.

Anna, *songeuse* — Ma mère aussi est morte... lorsque j'avais six ans...

Lui — Anna ?

Anna — Oui, monsieur Satie ?

Lui — N'avez-vous pas mieux à faire que de rester écouter les tristes histoires d'un vieil alcoolique mourant qui a perdu son parapluie ?

Anna — Non. Que pourrais-je faire de mieux ?

Lui — Je ne sais pas. Travailler, par exemple ?

Anna — Vous en connaissez beaucoup, des gens épanouis au travail ?

Lui — Non.

Anna — Ici, à votre avis, combien de personnes aiment ce qu'ils font de leurs journées ?

Lui, *regarde le public* — Peu, on dirait.

Anna — N'est-ce pas triste à mourir ?

Lui — À mourir, quand même pas.

Anna — Il y a si peu de lumière...

Lui — Tout dépend de quel côté l'on se place. Vos collègues ne vont pas...

Anna — Mes collègues... Savez-vous combien de temps d'échange nous est imparti ? Trente minutes à notre arrivée et quinze minutes au départ. On appelle ce moment les « transmissions orales ». Ce soir, en vous quittant, j'aurai quinze minutes pour dire à mes collègues comment s'est passée l'après-midi de nos quinze patients et donner les indications des médecins. Mes collègues n'entendront qu'une suite d'informations communiquées à la vitesse du passage de relais d'un coureur. Ils seront déjà lancés dans cette course contre la montre que nous ne gagnons jamais, le regard porté vers leur mission. *(Il lit son dossier médical. Elle le reprend.)* Je ne vous dérange pas ?

Lui — Si ! Heu... enfin non.

ANNA — Derrière ce cahier des charges, je n'existe pas. Je ne suis qu'une infirmière à ses tâches d'infirmière comme les autres infirmières et infirmiers, surchargée. Personne ne m'écoute ici.

LUI — Et moi personne n'écoute ma musique.

Elle sourit.

ANNA — Je passe trop de temps à discuter avec les patients, c'est vrai.

LUI — Je passe beaucoup trop de temps à discuter avec mes copains de comptoir, c'est vrai aussi.

Elle le regarde d'un air malicieux.

ANNA — Je ne tiens aucun des objectifs de rentabilité de l'hôpital.

Lui — Je ne sais écrire que pour piano ou voix.

Anna — Mes soins sont toujours lents.

Lui — Mes tempi aussi.

Anna — J'ai raté le concours d'entrée en médecine.

Lui — Pas admissible au Conservatoire de musique et de déclamation après trois ans de classes préparatoires.

Anna — Trois redoublements avant d'obtenir mon diplôme d'État d'infirmière. Un par an.

Lui — Mes trois candidatures à l'Académie des beaux-arts ont été refusées !

Anna et Lui, *ensemble* — Et cela me fit grosse peine.

Temps.

Anna — Mon salaire ne me permet même pas de me loger à Paris et de manger tous les jours à ma faim.

Lui — Rassurez-vous, la banlieue n'est pas tellement plus aisée. Si j'ai gagné quelques mètres carrés en déménageant à Arcueil et des heures de marche rythmées par des haltes dans de nombreux bistros de jour comme de nuit, j'y vivais sans eau, ni gaz, ni électricité. Mais avec l'ardente compagnie des moustiques, bzz, certainement envoyés par des francs-maçons. Sans mon frère et mon amie Valentine Gross, l'arrière-petite-bru de Victor Hugo, je serais mort des effets

de la pauvreté. Ainsi parmi mes surnoms il y a « Monsieur le pauvre ».

Anna — N'avez-vous jamais été victime de mésaventures ? Montmartre-Arcueil, ça fait quoi, presque dix kilomètres à pied ? De nuit, ce peut être périlleux.

Lui — J'avais toujours un marteau dans ma poche et je simulais l'ivresse en cas de problème. Ce qui ne résultait pas d'un grand talent de comédien puisque la plupart du temps je n'avais pas besoin de feindre l'ivrognerie. *(Temps.)* Que voulez-vous. Nous sommes des « losers magnifiques » ! Et j'ai perdu mon parapluie.

Anna — Mais vous, à mon âge, vous aviez composé les *Gymnopédies* !

Lui — Alors écrivez ! Écrivez et n'écoutez que votre propre musique. Sans choucroute, si possible. Et n'écoutez jamais, par pitié, les critiques. Jamais ! Ce sont des culs, des culs sans musique qui osent tendre leurs mains de salauds. Des culs aux airs d'andouilles et à la vue basse. Je les emmerde à tour de bras.

Anna — Vous êtes dur avec eux et vulgaire à la fois.

Lui — Vulgaire ? Non. Grossier. Savez-vous ce qu'a écrit Léo Poldès à propos de *Parade* ?

Anna — Oui.

Lᴜɪ — « Une œuvre ridicule que n'eût point signée un joueur de tam-tam sénégalais. » Ça, c'est vulgaire.

Aɴɴᴀ — Ils font leur job.

Lᴜɪ — Leur « job »… J'aimerais bien rencontrer le premier critique qui se présenta dans le monde. Celui qui créa le « job ». Des gens grossiers comme moi durent l'accueillir à grands coups de soulier dans le ventre.

Aɴɴᴀ — Vous l'avez tué ?! Vous avez tué un critique !

Lᴜɪ — Pardon, il s'agissait peut-être d'un précurseur digne de vénération. À sa manière, ce fut un héros.

Aɴɴᴀ — Il faut le réanimer.

Lᴜɪ — Quand est-ce que les critiques devinrent des personnages importants ? À partir de quand les spectateurs et artistes ont-ils eu besoin d'être guidés par les critiques et surtout comment vivaient-ils avant les critiques ? Ce devait être terrible !

Aɴɴᴀ — Il ne revient pas.

Lᴜɪ — J'ai beaucoup étudié les mœurs des animaux. Hélas ! ils n'ont pas de critique. Oui, les animaux n'ont pas de critique.

Aɴɴᴀ — C'en est fini pour lui. *(Temps.)* Pourquoi les traiter de façon si corrosive ? N'êtes-vous pas lassé de vous voir traîné devant les tribunaux ?

Lui — Il faut bien que je les remercie pour tous les sacrifices qu'ils font journellement pour notre bien, pour notre seul bien. Avec *Parade*, plus de huit mois de travail, le temps d'une grossesse, ont été saccagés par leurs plumes. Tenez mon parapluie, je vais nous débarrasser de ce corps de critique. Il empeste déjà. Léonide Massine, Cocteau, mon ami Picasso, Diaghilev et moi avons mis tout notre cœur à la création de ce ballet. Rendez-moi mon parapluie ! Soulignons d'ailleurs que Picasso est épatant. *(Il rote.)* J'en rote. Quelle belle collaboration ! Malgré un certain nombre de désaccords, principalement avec Cocteau qui nous rasait, Picasso et moi, ce spectacle a vu le jour au Théâtre du Châtelet. L'accueil des critiques a été... enfin, vous connaissez l'histoire.

Anna — Sans vouloir vous vexer, monsieur Satie, les spectateurs aussi ont crié au scandale à la fin de la représentation de *Parade*. Et Cocteau dit que lors des répétitions, les musiciens de l'orchestre eux-mêmes refusaient de jouer votre musique.

Lui — Cela est vrai. On a dû faire intervenir notre ami Ravel pour les convaincre que ce n'était pas de la musique de bastringue. Je n'ai, semble-t-il, aucun goût ni aucun talent.

Anna — Les précurseurs font scandale, et c'est bon aussi. Mieux vaut laisser dire.

Lui — Laisser dire ? Quelle idiotie ! Proposer une œuvre, c'est comme présenter son enfant au monde. Laisseriez-vous dire si on parlait ainsi de votre enfant ?

Anna — Qu'en savez-vous ? Vous n'avez jamais eu d'enfant.

Lᴜɪ — Si !

Aɴɴᴀ — Ah bon ?

Temps. La respiration d'Anna s'accélère, elle geint.

Lᴜɪ — J'en ai eu un tas. Des déshérités, les enfants d'Arcueil. Je m'occupais d'eux dès leurs six ans…

Aɴɴᴀ, *inquiète* — Six ans ?

Lᴜɪ — Six ans ou plus… Je voulais les soustraire aux dangers de la rue, développer en eux leur esprit de camaraderie et de solidarité, et leur procurer des distractions nécessaires à leur âge. Je dispensais des cours de solfège, accompagnais au piano les petites ballerines, assurais les répétitions des chœurs, organisais des excursions, pique-niques, courses de vélo ou visites de monuments historiques.

Aɴɴᴀ, *calmée* — Admirable. Tout cela bénévolement ?

Lᴜɪ — Absolument ! Et en récompense, le préfet de la Seine m'a remis le titre d'officier d'Académie lors d'une petite cérémonie.

Aɴɴᴀ — Je croyais que vous méprisiez les honneurs ?

Lᴜɪ — Revenons aux scandales trop scandaleux qui scandalisent tout le monde. Croyez-moi : si on commence à laisser dire ou laisser faire, c'est la fin de l'humanité. La gouvernance des rats. Hier encore, les Allemands nous prenaient tout. Se mettre à plat ventre c'est bien, toutefois cette position est incommode pour lécher la main de celui qui vous donne

des coups de pied dans le derrière. L'artiste doit être révolutionnaire ! Sinon il faut laisser cette dénomination reluisante, « artiste », aux coiffeurs et pédicures. Que voulez-vous ? Un monde de bons fonctionnaires qui travailleraient sagement pour une élite ? Je le vois d'ici, le bon petit fonctionnaire. Le voilà parti. Il va gaiement à son bureau, content, il hoche la tête.

Anna — Il aime une jolie dame très élégante.

Lui — Il aime aussi son porte-plume, ses manches en lustrine verte et la calotte chinoise.

Anna — Il fait de grandes enjambées...

Lui — ... se précipite dans l'escalier qu'il monte sur son dos.

Anna — Quel coup de vent !

Lui — Assis dans son fauteuil, il est heureux et le fait voir.

Anna — Il réfléchit à son avancement.

Lui — Peut-être aura-t-il de l'augmentation sans avoir besoin d'avancer.

Anna — Il compte déménager au prochain terme. Il a un appartement en vue.

Lui — Pourvu qu'il avance ou augmente !

Anna — Il chantonne un vieil air péruvien qu'il a recueilli en Basse-Bretagne chez un sourd-muet.

Lui — Un piano voisin joue du Clementi. Combien cela est triste !

Anna — Il ose valser ! Lui, pas le piano.

Lui — Tout cela est bien triste. Le piano reprend son travail. Notre ami s'interroge avec bienveillance.

Anna — L'air froid péruvien lui remonte à la tête.

Lui — Le piano continue. Hélas ! Il faut quitter le bureau, son bon bureau.

Anna — Du courage : partons, dit-il !

Lui — Et il prend son parapluie.

Temps.

Anna — Ces gens vous critiquent de façon virulente, c'est le signe que vous leur faites beaucoup de bien.

Lui — Oui. Peut-être que, par le phénomène de catharsis, ils se trouvent remis d'aplomb comme après avoir pris un remède de purgation. Ne donnez pas, je vous prie, un sens agressif à ce que je vous dis. Je ne fais que des constatations qui ne portent nullement ombrage à la renommée de critiques respectables et respectueux que je respecte. Quoi qu'il en soit, je ne cesserai de le répéter : il n'y a pas de vérité en Art. *(Regardant vers le couloir.)* Quel est ce monsieur si maigre ?

Anna — C'est un lutteur.

Lui — Non ?!

Anna — Si. Il lutte contre sa maladie, entre autres.

Lui — Donnez-lui à manger ! Il luttera plus efficacement.

Anna — Il refuse.

Lui — Manger est un devoir. Mais ceci est une autre histoire. Prenons le temps comme il vient et ne pleurons pas du matin au soir. Nous n'y pouvons rien. Heureusement. Ce lutteur est probablement un artiste.

Anna — Non, il est scientifique.

Lui — C'est égal. L'esprit scientifique est le frère de l'esprit du véritable artiste. Il lutte, et les luttes sont nombreuses, répétées, sans merci. Pas de compromission. L'exercice de la science comme d'un art nous plonge dans le renoncement absolu puisqu'il exige beaucoup de celui qui veut le servir. Observons que la plupart des critiques n'ont pas l'esprit de la chose qu'ils traitent.

Anna — Vous n'allez pas remettre ça !

Lui — C'est pourquoi leur point de vue diffère si souvent de l'auteur qu'ils jugent.

Anna — C'est une idée fixe. Je vais ajouter ce point à votre dossier si vous continuez.

Lui — Que le Seigneur les protège, les bénisse, les comble de bonheur… S'il le veut bien.

Anna, *sourit* — Vous voilà un homme pieux ! Je ne l'aurais jamais cru.

Lui — Moi non plus.

Anna — Vous êtes catholique ?

Lui — C'est compliqué.

Anna — Tout est compliqué avec vous.

Lui — … Mon parapluie doit être très inquiet de m'avoir perdu.

Anna — Vous êtes baptisé ? Vous avez fait votre communion ?

Lui — J'ai été baptisé à l'Église anglicane. Ma mère était anglaise.

Anna — Donc vous êtes anglican.

Lui — Pas vraiment. À la mort de ma mère, ma grand-mère alsacienne m'a contraint à abjurer cette croyance et à me convertir au catholicisme.

Anna — Disons que vous êtes chrétien, alors.

Lui — Pas vraiment.

Anna — Vous avez raison, c'est compliqué.

Lui — J'ai cru en Dieu, la spiritualité, la mystique. J'ai été rosicrucien, j'ai même fondé ma propre Église à l'âge de vingt-sept ans.

Anna — Votre propre Église ?!

Lui — L'Église Métropolitaine d'Arts de Jésus Conducteur.

✝ Messire ERIK SATIE, ✝
Parcier & Maître de Chapelle de
l'Eglise Métropolitaine d'Art
de Jésus Conducteur.

Anna — Les institutions chrétiennes ne manquent pas en France, elles ne vous convenaient pas ?

Lui — Elles sont gouvernées pas des curés qui tiennent à deux mains l'assiette au beurre.

Anna — Combien aviez-vous de fidèles ?

Lui — Ah ! chère amie, ce n'est pas la quantité mais la qualité qui compte !

Anna — Combien ?

Lui — Un. Moi. J'en ai été le seul membre.

Anna — Mais comment cette idée vous est venue ?

Lui — Toujours pour la même raison, j'imagine. Je m'ennuyais à mourir de chagrin ; tout ce que j'entreprenais timidement ratait avec une hardiesse inconnue à ce jour. Que faire, sinon se tourner vers Dieu et le montrer du doigt ? Puis les misères du monde m'accablaient. Je rêvais d'un abri pour les déshérités, les pauvres, les orphelins, les vieillards abandonnés. Une Église comme une citadelle inexpugnable, dans laquelle pourraient se retrancher toutes les nobles victimes de l'injustice, de la tyrannie, et d'où elles sortiraient victorieuses de la lutte, car la justice, la vérité, la liberté sont immortelles. N'est-ce pas ?

Anna — Vous croyez ?

Lui — Je le croyais. Et je suis devenu un guerrier chrétien tout de pureté, si rempli de Dieu, si triste et si austère, si désireux du salut des hommes... Assis au côté de Dieu, la bouche pleine des psaumes de David.

Anna — J'ai du mal à vous représenter ainsi.

Lui — Le tableau est peut-être enjolivé, mais je pensais qu'il valait mieux obéir à Dieu qu'aux hommes.

Anna — Et ensuite ?

Lui — Je priais, je priais et personne ne s'en portait mieux. J'ai commencé à trouver cela agaçant d'avoir Dieu toujours dans les jambes ou sur le dos à regarder bêtement ce que je faisais. J'ai fini par croire que le Bon Dieu est un de ces salauds comme il n'y en a pas beaucoup. Sa prétendue miséricorde,

je vois bien qu'il se la fout quelque part et qu'il ne la sort que dans les occasions les plus rares.

Anna — Ah ! je vous retrouve ! Je m'inquiétais.

Lui — Veux-tu que je te dise ? Il est encore plus bête qu'il n'est puissant, le vieil homme. Ça ne lui portera pas bonheur et ça ne m'étonnerait pas qu'il en perde sa place. En somme, ce sera bien fait.

Anna — Ni anglican, ni catholique, ni chrétien. Il vous reste athée ou agnostique.

Lui — Je me suis désintéressé de ces questions, maintenant, mais à l'heure de ma mort, je crois bien que je vais accepter les derniers sacrements. Après tout, pourquoi nous attaquer à Dieu lui-même ? Il est aussi malheureux que nous pouvons l'être ; depuis la mort de son pauvre fils, il n'a de goût à rien. Laissons-le donc tranquille. *(Temps.)* Ton avenir n'est pas le même que le mien, Anna, heureusement pour toi ; tu auras un cheval et une grande voiture, ouverte l'été, fermée l'hiver ; et tu iras à droite et à gauche, tout comme les personnes fortunées. Viens que je te serre dans mes pauvres bras.

Le bruit d'une machine médicale se fait entendre depuis le couloir.

Anna — Maman ?

Lui — Qu'est-ce qui se passe ?

Anna — Maman ?

Lui — Je suis là, ne t'inquiète pas.

Anna — Je veux la voir.

Lui — Tu ne peux pas.

Anna — Je veux voir maman.

Lui — Tu sais bien qu'elle n'est plus là.

Anna — Si, elle est encore là !

Lui — Elle n'est plus là, Anna.

Anna — Je t'interdis de dire qu'elle n'est plus là !

Lui — C'est dans la chambre d'à côté que ça a sonné.

Anna — Elle est encore là !

Lui — Maman est morte ! C'est dans la chambre d'à côté, je te dis.

Anna — C'est Virginia, alors ?

Anna veut aller voir, il la retient.

Lui — Reste ici.

Anna — Je veux la voir.

Lui — Non, tu ne bouges pas.

Anna — Virginia ?

Lui — Les infirmières s'en occupent.

Anna — Qu'est-ce qui se passe ?

Lui — Elles viendront nous parler après.

Anna — Mais lâchez-moi !

Lui — Tu ne sors pas d'ici ! Assieds-toi.

Anna — Tu ne comprends pas ? Elle s'est suicidée, elle aussi.

Lui — On ne peut pas se suicider dans un hôpital psychia-trique, Anna, tout est sécurisé.

Anna — Oh ! tu crois ça, 2 à 5 % de patients y parviennent quand même, figure-toi. Et c'est tant mieux.

Lui — Pourquoi dis-tu cela ?

Anna — Vous voyez tous le suicide comme un crime, un meurtre sur soi-même, et vous voulez nous condamner à vivre. C'est insensé. Qu'est-ce qui est contre nature : vivre dans ce monde pourri ou enfermer ici des gens qui veulent le quitter ? Virginia a bien raison et je suis heureuse pour elle si elle a réussi. La mort est une libération. *(Temps.)* D'ailleurs les morts se portent beaucoup mieux que les autres.

Lui — …

Temps.

Anna — Tu sais que la France a l'un des taux de suicide les plus élevés ?

Lui — Non.

Anna — Vingt-cinq personnes se suicident chaque jour en France et 685 tentent de se suicider. En centre hospitalier, la plupart des suicides se font par pendaison mais il y a d'autres moyens. Asphyxie...

Lui — Mais comment est-ce possible ? Ils retirent tout à l'arrivée, jusqu'aux lacets.

Anna — C'est une question de volonté et d'organisation. Certains ont réussi à s'étouffer avec du papier toilette.

Lui — C'est horrible. Je croyais que tu étais en sécurité ici.

Anna — Être en sécurité ou être mort, c'est pareil. *(Temps. Elle lui tend son parapluie.)* On rejoue ?

Temps. Musique : la première Gymnopédie (3 : 36).

Lui — Non. Je te l'ai dit en arrivant, je ne veux plus. C'est plus possible.

Anna — Tu vas partir, papa, et ils me donneront un cachet pour dormir puis demain matin un cachet pour me réveiller et ensuite un cachet pour me donner de l'appétit...

Lui — Anna...

ANNA — Je ne peux pas vivre ainsi. Il faut m'aider à me libérer.

LUI — Te libérer de quoi ?

ANNA — Lorsque je l'ai trouvée, cette nuit-là, il y avait une lettre pour toi. Tu lui ressembles.

LUI — Je ressemble à qui ?

ANNA — Erik Satie !

LUI — C'est une drôle de coïncidence. On n'a rien en commun, Satie et moi. Je joue à être lui seulement pour communiquer avec toi lorsque tu es... ailleurs.

ANNA — Tout cela a forcément un sens.

LUI — ...

ANNA — Il y a une œuvre à terminer, elle l'a écrit dans sa lettre.

LUI — Qui ça ?

ANNA — Maman !

LUI — Mais de quelle lettre parles-tu ?

ANNA — Celle que j'ai trouvée, près de son corps. Elle te demandait de terminer une œuvre.

Lui, *commence à comprendre* — Très bien. Je reviendrai demain et on en parlera. D'accord ?

Anna — Papa.

Lui — Oui, ma chérie ?

Anna — Ne me laisse pas toute seule ici. Il y a les bruits, et puis les ombres...

Lui — Tu n'es pas seule, Anna, il y a les infirmières et les médecins qui sont là pour s'occuper de toi.

Anna — Quand tu pars, j'entends des voix.

Lui — Tu entends des voix depuis que tu es toute petite.

Anna — Elles reviennent là !

Lui — Un tas de personnes entendent des voix. Réapprivoise-les. Tout ira bien. Il faut que tu ailles te coucher, maintenant, trésor.

Anna — Papa, non, tu ne comprends pas, j'ai si peur. L'attente est trop longue ; quand je ne te vois plus il me semble que tu es mort.

Lui — On va appeler une infirmière qui va te donner quelque chose pour t'apaiser.

Anna, *s'énerve* — Je ne veux pas de leurs putains de cachets ! Tuez-moi ou laissez-moi mourir, qu'on en finisse. Pourquoi vouloir à tout prix me garder en vie ? Qui décide ? Un père ?

un médecin ? un Dieu ? Pourquoi ? Pourquoi ?! Je veux qu'on me laisse mourir. Je n'aime pas la vie. Je n'aime pas ce monde. Je n'aime rien de tout ce que je vois. Tout est laid, tout est tellement laid. Je ne comprends pas ce que vous pouvez trouver comme sens à l'existence. Tu ne m'aimes pas.

Lui — Bien sûr que je t'aime.

Anna — Alors pourquoi tu me laisses là ?

Lui — ...

Anna — Quel est le sens ? Où est l'issue ? Il faut qu'Erik Satie...

Lui — Anna, il faut arrêter avec Satie et aller te coucher.

Anna, *en le repoussant* — Non, monsieur Satie ! Vous n'avez pas terminé votre œuvre. Vous êtes un artiste raté, monsieur Satie ! Vous allez mourir démuni sans que le public ne vous ait jamais vraiment reconnu.

Lui — Arrête, Anna.

Anna, *continue à le pousser de plus en plus violemment* — Ne restez pas comme ça, monsieur Satie. Vous ne vous êtes pas fait connaître ni apprécier. Monsieur le pauvre, Esotérik Satie, votre œuvre est inachevée.

Lui — Inachevée ?! Qu'aurais-je pu achever, ça fait dix-sept ans qu'on vit comme ça, entre deux mondes. Que tu balances entre les morts et les vivants, entre Satie et moi,

entre maman et moi. Dix-sept ans que nos vies sont à l'arrêt et que je sacrifie tout pour toi !

Il lui tourne le dos pour essayer de contenir ses émotions.

ANNA, *reprend de plus belle* — Vous me tournez le dos comme à tous vos amis. Comme aux critiques. Vous êtes seul, monsieur Satie, et vous en crèverez. Un homme plein d'aigreur, monsieur Satie. C'est tellement pathétique. Répondez-moi. Dites-moi ce que je dois faire. Dites-moi comment sortir. Ils ne m'acceptent pas, ils ne m'aiment pas. Dites-moi. Dites-moi, monsieur Satie. Je ne peux pas vivre comme ça.

LUI, *crie* — Ça suffit, Anna ! Ça suffit. Arrête de m'appeler comme ça. T'as compris ? Qu'est-ce que tu crois ? Que ça m'amuse de faire le clown ?

ANNA — Le clown ce n'est pas toi, mais ce monde cynique et cruel qui fait le raisonnable pour mieux cacher sa folie.

LUI — Assieds-toi. Maintenant c'est toi qui vas m'écouter. Tu n'es plus une enfant. Tu peux comprendre. Je n'en peux plus de venir faire le pitre dans cet hôpital. De devoir faire semblant. Toute cette comédie... pour t'arracher un sourire... ça ne fait pas de moi un bon père. Je suis paralysé par la peur de te perdre, et ça rend mes actes et mon existence misérables.

ANNA — Laisse-moi mourir.

Lui — On ne se relève pas de la mort de son enfant. On erre. Plus mort que les morts parmi tous ceux qui ont des enfants, et qui, par ce simple fait, nous bombardent dans l'âme des missiles d'infinie tristesse.

Anna — Tu veux quoi, alors ?

Lui — Ce que j'essaie de te dire, c'est que tu es une adulte et, par conséquent, je suis un vieux papa. Je ne peux plus m'occuper de toi comme avant. Je n'ai plus l'énergie. Il faut que tu fasses ta part du chemin. Que nous prenions soin l'un de l'autre. Je ne te demande pas de vivre pour moi ni de t'occuper de moi. Je n'ai pas à te demander ça. Je te demande juste d'entendre que moi aussi je survis depuis que maman s'est suicidée. Moi aussi j'ai perdu quelqu'un que j'aimais. À moi aussi elle manque terriblement, je m'en veux, je lui en veux, je ne comprends pas… Ce n'est pas juste, c'est comme ça. On ne peut rien faire. Toute cette agitation, ces masques ne nous mènent à rien. Et je suis fatigué. C'est fini, le spectacle, je ne jouerai plus.

Temps.

Voix off d'un enfant et de sa maman qui jouent à cache-cache.

Maman — *I'm here.*

Enfant — *Je suis là.*

Maman — *I'm not here anymore.*

Enfant — *Je ne suis plus là. (Rires enfant.) Maman ? Où es-tu ?*

Rires maman.

Anna se calme.

Anna — Si seulement j'arrivais à faire quelque chose de cette douleur... Rimbaud, George Sand, Simone Veil, Erik Satie et tant d'autres... ont tous en commun d'avoir perdu un parent. Ils ont surmonté la perte et la souffrance en écrivant. Mais moi...

Lui — Et toi ?

Anna — Moi je n'ai aucun talent. Maman est morte, j'ai vingt-trois ans et je n'ai pas écrit les *Gymnopédies*... *(Fin musique.)* Maman est morte, j'ai vingt-trois ans et je n'ai pas écrit les *Gymnopédies*... J'ai le manque mais pas le génie.

Temps.

Lui, *à lui-même, retirant son chapeau melon* — Il faut changer de musique.

Anna — Je veux rentrer à la maison.

Temps.

Voix de femme, *off* — Mon chéri,
« Je fais ce qui semble être la meilleure chose à faire. Tu m'as donné le plus grand bonheur possible. Si quelqu'un avait

pu me sauver, cela aurait été toi. Je ne peux pas continuer à gâcher ta vie plus longtemps[*]. » Fais de notre Anna une femme libre et indépendante. Sois patient et bon avec elle comme tu l'as été avec moi. Cette enfant est notre amour, entoure-la de ta tendresse et élève-la. Il faut terminer notre œuvre...

Temps.

Lui — L'œuvre à terminer dont tu parlais, celle de la lettre de maman, l'œuvre à terminer c'est toi. *(Temps.)* On s'en va.

Anna — Quoi?

Lui — On rentre chez nous.

Anna lui saute au cou, attrape sa main et l'entraîne vers la sortie puis s'arrête brusquement.

Anna — Le parapluie!

Lui — Laissons là le parapluie, tu veux bien?

Anna acquiesce d'un signe de tête. Son orage et pluie dilu-vienne. Ils sortent. Sans parapluie.

---

[*] Extrait de la dernière lettre de Virginia Woolf à son mari, avant son suicide.

L'AUTRICE

Danseuse puis autrice et metteuse en scène, Laetitia Gonzalbes est remarquée en 2017 pour son adaptation libre d'*Anna Karénine* de Léon Tolstoï.

Enfance nomade et toujours à la frontière entre deux pays, elle aborde dans ses créations les thèmes de la liberté, de l'absurde et de l'oppression.

Elle consacre une grande partie de son temps à la transmission et aux actions culturelles qu'elle mène avec la compagnie Kabuki, avec pour ligne directrice le mélange des arts et des formes au service d'un théâtre populaire et engagé.

De toutes ses forces Laetitia Gonzalbes rêve et poétise un monde meilleur.

Vous souhaitez jouer cette pièce ?

Avant d'en envisager la création et d'en commencer les répétitions, assurez-vous d'avoir correctement effectué toutes les démarches afin d'en obtenir les droits de représentation.

La Société des auteurs et compositeurs dramatiques (SACD) est l'organisme principal chargé de délivrer de telles autorisations. Cette pièce, parmi de nombreuses autres, fait probablement partie de leur répertoire.
Elle ne peut donc être jouée sans l'autorisation de cette société ou de son auteur.

SACD

11 bis, rue Ballu – 75442 Paris Cedex 09

Tél. : 01 40 23 44 55

 Imprimé à la demande par Books on Demand GmbH, Bad Hersfeld, Allemagne

1re édition, dépôt légal : mai 2024
N° d'édition : 202401
ISBN : 978-2-487668-00-3

AF294908